다니엘서 증거하는 삶

윤남옥 지음

LIVING IN FAITH SERIES
DANIEL

Copyright ⓒ 2004 by Cokesbury

All rights reserved.

No part of this work may be reproduced or transmitted in any form or by any means, electronic or mechanical, including photocopying and recording, or by any information or retrieval system, except as may be expressly permitted in the 1976 Copyright Act or in writing from the publisher. Requests for permission should be addressed in writing to Permissions Office, 201 Eighth Avenue, South, P. O. Box 801, Nashville, TN 37202, or faxed to 615-749-6512.

Scripture quotations in this publication, unless otherwise indicated, are taken from THE HOLY BIBLE with REFERENCE Old and New Testaments New Korean Revised Version ⓒ Korean Bible Society 1998, 2000. Used by permission by Korean Bible Society. All rights reserved.

Writer: Nam Ok Yun
Cover credit: "Daniel in the Lion's Den", ⓒ Historical Picture Archive/Corbis

Nashville

MANUFACTURED IN THE UNITED STATES OF AMERICA

차 례

제1과 작은 경건 ·· 5

제2과 하나님을 증거하는 다니엘 ························ 11

제3과 풀무불 가운데 함께 하시는 하나님 ············ 17

제4과 교만한 왕을 다루시는 하나님 ······················ 23

제5과 저울에 달린 벨사살 왕의 최후 ···················· 27

제6과 사자굴에서도 함께 하시는 하나님 ·············· 33

제7과 네 짐승과 인자 같은 이에 대한
       다니엘의 환상 ·· 39

제8과 숫양과 숫염소의 환상 ································ 45

제9과 다니엘의 민족을 위한 기도 ······················ 51

제10과 21일만에 받은 기도응답 ·························· 55

제11과 환상에 대한 결론과 최후의 승리 ············ 59

제1과
작은 경건
다니엘 1장

1. 성경 이해

다니엘 1:1-7

예수님이 나시기 전 605년 여호야김 왕 시대에 당시 애굽(이집트) 왕국으로부터 보호를 받고 있던 남 유다 왕국은 바벨론의 느부갓네살 왕에게 반항하다가 정복을 당했다(열왕기하 24:1). 하나님은 느부갓네살 왕에게 "여호야김과 하나님의 전 그릇 얼마를 그의 손에" 허락하셨는데(1:2), 느부갓네살 왕은 성전의 그릇을 가지고 와서 시날 땅 자기 신(神)들의 보물 창고에 넣어두었다. 이것은 거룩한 성물과 하나님께 대한 모독 행위였다.

하나님은 언약을 떠나서 생활하던 이스라엘 백성의 심각한 타락과 부패 때문에 바벨론의 느부갓네살 왕을 심판의 도구로 사용하셨다. 하나님은 오랫동안 선지자들을 통하여 이스라엘이 회개하도록 기회를 주시고 종용하였지만, 그들은 듣지 않았고, 심판의 때가 이르렀다. 하나님께서는 하나님을 떠나 우상을 찾아다니던 이스라엘 백성을 우상숭배로 가득 찬 바벨론으로 유배를 보내신 것이었다. 그러므로 하나님을 모르는 바벨론에서 사는 것 자체가 그들에게는 심판이었다. 하나님을 떠난 그들에게 하나님이 없는 삶이 어떠한 것인가를 피부로 경험하게 하셨다.

느부갓네살 왕이 이스라엘 자손 중에서 "흠이 없고 용모가 아름다우며 모든 지혜를 통찰하며 지식에 통달하며 학문에 익숙하여 왕궁에 설 만한 소년"(1:4)들을 남 유다 왕국으로부터 데려오게 하였을 때에, 청년 다니엘은 바벨론 포로로 잡혀오게 되었다.

"다니엘"이라는 이름은 "하나님의 심판"이라는 뜻이다. 하나님은 이러한 환난 가운데서도 다니엘을 바벨론에 보내어 하나님을 드러나게 하는 사명을 감당하게 하셨다. 다니엘은 10대에 바벨론에 가서 거의 70년의 세월을 보내면서 바벨론의 흥망성쇠를 모두 목격할 수 있었다.

왕은 소년들에게 자신이 지정한 음식과 포도주를 먹이면서 3년을 기르게 하였다. 그 때 다니엘과 그의 경건한 친구들 하나냐와 미사엘과 아사랴가 함께 하였는데 (1:6), 그들의 이름을 바벨론 이름으로 바꾸게 하였다. 그들의 바벨론 이름은 벨드사살 (벨의 숨긴 보물을 지키는 자라는 뜻), 사드락 (갈대아인이 숭배하던 태양의 영감이라는 뜻), 메삭 (삭 여신에게 속했다는 뜻), 아벳느고(밝은 불의 종이라는 뜻)이었다.

느부갓네살 왕은 유일신 하나님을 섬기는 이들에게 바벨론 우상들의 이름으로 바꿔주면서 그들의 몸과 영혼까지 바벨론 사람으로 귀화하려고 유도했다. 이러한 개명(改名)은 일반적으로 정복자들이 정복당한 사람들의 문화와 민족성을 말살시키기 위한 의도에서 행해지던 동화정책의 일환이기도 하였다. 그리고 바벨론 왕국에 충성을 다하겠다는 서약을 의미하기도 했다.

다니엘 1:8-16

다니엘은 왕이 지정한 음식을 거부하였다. 이는 음식으로 자기를 더럽히지 않으려는 마음이 있었기 때문이다. 왕이 지정한 음식을 먹을 수 있다는 것은 왕의 호의와 특권이 주어졌음을 뜻하지만, 다니엘은 환관장(환관은 거세당한 내시이거나 단순한 시종관을 의미하기도 한다)에게 그 음식을 피할 수 있도록 요청하였다. 그리고 하나님께서 환관장이 다니엘의 요청을 들어줄 수 있도록 도우셨다. 다니엘은 지혜롭게 열흘만 채식을 먹을 수 있도록 요청한다. 그 후에 그들의 얼굴과 왕의 진미를 먹은 사람의 얼굴을 비교하여 보고 결과가 어떻게 되는지 시도해 볼 수 있는 기회를 요청한다. 그리고 열흘 후에 보니 채식을 먹은 다니엘과 친구들의 얼굴이 윤택하여지고 아름다워 보이므로 감독관은 계속 채식을 먹을 수 있도록 허락한다.

왕의 음식을 거부한 데는 이유가 있다. 유대 민족은 음식으로 다른 민족과 구별되어 있었는데, 단순히 음식을 거부하는 것이 아니라 바벨론의 우상숭배에 참여하지 않으려는 신앙적 결단이었으며, 진미에 빠져서 경건생활을 잃어버리고 싶지 않았기 때문이었다. 다니엘은 하나님이 원하시는 거룩하고 경건한 구별된 삶을 살기를 원했고, 장소와 때를 가리지 않고 이러한 구별된 삶을 지속하기 원했다. 또한 이러한 시험을 이기게 하시는 하나님을 믿는 믿음을 갖고 삶 속에서 증거하였다. 음식을 거부하는 것은 작은 일 같지만 작은 일을 지킬 수 있을 때 큰 일도 지킬 수 있다는 것을 그들을 알고 있었다. 작은 경건의 생활이 큰 경건의 생활로 인도하기 때문이다.

다니엘 1:17-21

다니엘과 세 친구는 이스라엘에서 살든지, 바벨론에서 살든지 아무 상관하지 않고 하나님을 섬기는 믿음을 택하였다. 그들은 어디에서나 이웃에게 하나님을 증거하는 삶을 택한 것이다. 생명의 위협을 무릎 쓰고 믿음을 지키고, 행동으로 보여주는 다니엘과 그 친구들에게 하나님은 지식과, 학문과, 재주에 명철하게 하셨다. 또한 하나님은 다니엘에게 환상을 보며 꿈을 깨달아 아는 지혜도 주셨다. 기한이 되어 네 소년이 왕 앞에 나아갔을 때에, 다른 사람들보다 건강하고, 아름답고, 뛰어났으므로 왕을 모시는 자들이 되었다. 그들은 지혜와 총명이 뛰어났는데, 온 나라 "박수와 술객"보다 10배나 더 뛰어났다.

2. 생활 속의 이야기

한국에서 이민 온 영철은 미국 학교에 대한 기대가 컸다. 그래서 영어도 열심히 공부하고, 미국 문화에 대한 것도 배우면서 제2의 인생을 사는 기분으로 학교생활에 적응해 나갔다. 그런데 영철은 미국 친구들이 손쉽게 택하는 생활 가치관에 부딪치면서 고민을 하게 되었다. 영철은 영어 때문에 쉽게 왕따를 당하기도 했고, 특히 그가 주장하는 하나님을 믿는 거룩한 삶에 대한 것을 친구들은 조롱하기 시작했다. 미국 학생들은 마약을 서로 주고받았으며, 비교적 성에 대한 개념도 문란한 편이었다. 부모님은 "학교 가서 공부 잘해, 선생님 말씀 잘 듣고" 하면서 기도도

해주셨지만, 영철은 학교에 가면 영적 전쟁에 들어가는 기분이 들었다.

영철은 학교에서 점심식사를 할 때에는 언제나 기도를 하고 먹었다. 그리고 친구들이 이상한 파티에 초대할 때에는 거절하였다. 주일에 놀러가자고 하여도 그는 교회에 가야 함을 강조하였다. 그렇게 할수록 친구들은 더 교묘하게 영철을 괴롭혔다.

한국에서 함께 온 친구 서현은 쉽게 다른 학생들과 동화되었다. 말하는 것도 거칠어지고, 부모의 권위도 무시하면서, 친구들로부터 인정을 받으려고 노력하였다. 서현은 왕따 당하는 것이 두려워서 곧 그들의 문화와 가치에 무릎을 꿇었다. 그리고 마지막에는 갱단에 들어가서 그들이 시키는 일은 무조건 순종하는 아이가 되어버렸다.

하지만 영철은 경건생활을 포기하지 않았다. 어디서나 점심을 먹을 때에는 조용히 기도하고 밥을 먹었다. 이러한 모습을 아이들은 조롱하면서 *꼬마 예수쟁이*라고 놀렸다.

영철은 공부를 열심히 하여 우등생이 되었다. 그는 세상 가치와 타협하지 않는 것으로 인하여 많은 것을 잃어버리는 것 같았다. 그러나 영철은 졸업 할 때에 학생들이 뽑는 가장 "존경받는 학생"으로 선출되었다. 그리고 학생들로부터 "타협하지 않는 용기"에 대하여 찬사를 받았다. 자신들은 그렇게 살지 못하지만, 영철이가 사는 모습을 존경하였다. 영철은 젊은이들에게 믿음의 삶이 어떤 것인가를 보여주는 아름다운 학창시절을 남겼다. 그는 원하는 대학에 들어갔으며, 대학생활 가운데서도 언제나 개혁자요, 삶으로 보여주는 그리스도인의 증인으로 살았다.

3. 묵상을 위한 질문

(1) 하나님은 느부갓네살 왕을 심판의 도구로 사용하셨다. 우리는 하나님이 심판하시는 것인지 아닌지를 어떻게 알 수 있나?

(2) 신앙생활을 계속할 수 없었던 특별한 상황을 경험한 적이 있었는가? 무엇 때문이었는가?

(3) 신앙생활을 하면서 타협하면 안 되는 것을 알면서도 타협을 하게 된 경험이 있었는가?

4. 결단에의 초청

믿음을 실천하는 것은 가장 작은 경건을 지키면서부터 실제로 나타납니다. 우리가 작은 경건의 삶을 지키지 못할 때, 우리는 큰 경건도 기대할 수가 없습니다. 우리 삶은 하나님이 주신 작은 명령에 순종할 때 성장합니다. 혹시 우리들은 큰 경건을 기대하면서 작은 일에는 등한히 하는 경우는 없습니까? 작은 일에 충성할 때, 큰 일을 하나님께서 맡기시는 것을 기억하고, 사탄이 틈을 타서 공격해 오지 못하도록 깨어서 무장하십시오. 잠시 타협하고 회색지대에 살면 편안한 것 같지만, 그렇지 않습니다. 최후의 승리를 주시는 분은 오직 하나님 한 분이신 것을 기억하면서, 믿음을 실천하는 삶을 살아가셔야 합니다.

제2과
하나님을 증거하는 다니엘
다니엘 2장

1. 성경 이해

다니엘 2:1-13

느부갓네살 왕이 왕위에 오른 지 2년째 되는 해에 이상한 꿈을 꾸었다. 무슨 꿈인지 기억나지 않았지만, 그 꿈으로 인하여 너무 번민하여 잠을 이루지 못했다. 그래서 왕은 바벨론의 술객과 점쟁이들을 불러서 그 꿈이 어떤 것이었는지 알려 달라고 요청했다. 하지만 바벨론의 술사들은 신(神)이 아니고 육체를 입은 자로서 어떻게 그 꿈을 알 수 있겠느냐며, 이 세상에 그것을 알 자가 없을 것이라고 말한다. 화가 난 왕은 바벨론의 박사들을 다 죽이라고 명령하고, 다니엘과 그의 친구들도 죽이려고 찾는다.

다니엘 2:14-24

느부갓네살 왕의 알 수 없는 꿈으로 인하여 많은 사람들이 죽게 될 처지에 놓였다. 다니엘과 그의 친구들은 목숨까지 위태롭게 되었다. 그러나 하나님은 이 위기를 승리의 기회, 기적을 베풀 수 있는 기회로 삼아주셨다.

왕의 시위대 장관 아리옥이 바벨론 박사들을 죽이러 급하게 나갈 때, 다니엘은 이상하게 여겨 무슨 일이냐고 묻는다. 자초지종 사건의 진상을 들은 다니엘은 왕에게 들어가서 기한을 준다면 꿈을 해석해 주겠노라고 슬기롭게 말한다. 다니엘은 태풍과 같이 몰아친 위기를 지혜롭게 대처한다. 그리고 그는 무릎을 꿇고, 하나님에게 그 꿈의 내용을 알려달라고 기도하였다. 하나님은 모든 것을 아시는 분이시다. 은밀한 가운데 일어난 일도 아시는 분이시다. 다니엘은 혼자 기도하지 않고 친구들에게도 하나님의 긍휼이 임하도록 합심기도를 요청하였다. 또한 자신과 친구들의 생명과 박사들의 생명이 보존되도록 기도하였다.

하나님은 이러한 기도에 응답을 주시고 환상으로 다니엘에게 보여주셨다. 그 환상은 느부갓네살 왕이 꿈꾼 내용과 같은 환상이었다. 그는 하나님을 높이고, 찬양하며, 감사를 드렸다. 다니엘은 왕이 바벨론 박사들을 죽이지 않는다면, 왕 앞으로 나아가 그 꿈을 해석하겠다고 하였다.

다니엘 2:25-30

그는 이 환상을 왕 앞에 전하기 전에 놀라우신 하나님의 이름을 증거했다. 이 모든 환상을 어떻게 알게 되었을까? 박수와 점쟁이도 알 수 없는 장래의 일을 오직 하나님만이 아실 수가 있는 것이었다. 그러므로 다니엘은 자신이 한 일이 아니라 하나님께서 하시는 일임을 느부갓네살 왕에게 증거하였다. 다니엘은 이 위기를 하나님을 증거하는 기회로 삼은 것이었다.

다니엘 2:31-45

다니엘은 느부갓네살 왕이 꿈 꾼 내용을 밝혀주고 그 환상을 해석했다. 다니엘이 본 것은 큰 신상이었다. 첫 번째 부분은 머리인데 순금으로 되어 있고, 두 번째 부분은 가슴과 팔인데 은으로 되어 있으며, 세 번째 부분은 넓적다리인데 놋으로 되어 있다고 했다. 그리고 마지막 부분은 두 종아리와 두 발인데 이 부분에서 종아리는 철이요, 그 발의 얼마는 철과 진흙으로 되어 있었다.

다니엘은 순금으로 된 머리 부분은 느부갓네살 자신과 그가 다스리는 바벨론 제국을 뜻한다고 했다. 두 번째 은으로 된 가슴과 팔은 느부갓네살 왕보다 못한 메대와 바사를 뜻한다고 했다. 세 번째 부분인 놋으로 된 배와 넓적다리는 희랍 왕국을 뜻한다고 했다. 마지막으로 철과 진흙으로 된 종아리와 발 부분은 프톨레미 왕국과 쎌루시드 왕국을 뜻하는데, 얼마는 강하고 얼마는 부서지게 될 것이라고 해석했다.

다니엘이 느부갓네살 왕에게 해석하여준 꿈의 내용은 세상에는 영원한 왕국이 없다는 사실이다. 왕국은 순금으로부터 시작해서 은과 놋과 철과 진흙으로 하향할 뿐이지 영원한 왕국은 없다는 것이다. 그러나 하나님의 나라는 영원히 멸망하지 않는 나라이다. "손대지 아니한 돌이 나와서" 철과 놋과 진흙과 은과 금을 부수는 것은 영원한 나라가 세상 나라들의 장래 일에 대하여 하나님께서 보여주신 것임을 말한다. 다니엘은 이 모든 예언이 참되고 확실하다고 왕에게 진언한다. 왜냐하면 하나님께서 아시게 한 일이기 때문이다.

다니엘 2:46-49

이 일로 인하여 느부갓네살 왕이 하나님의 이름을 높이게 되었다. 느부갓네살 왕은 다니엘이 믿는 하나님이 살아 계신 유일한 하나님이라고 고백하였다. 은밀한 것을 드러내시는 분이시며, 전지전능하신 하나님이라고 고백하였다. 그 크고 광대한 나라의 왕이 다니엘 앞에 무릎을 꿇었다. 이것은 다니엘 앞에 무릎을 꿇었다기보다는 다니엘의 하나님 앞에 굴복한 것이나 다름없었다.

느부갓네살 왕은 다니엘에게 많은 물질을 직접 하사하였고, 전 바벨론 제국을 다스리는 총리가 되게 하였다. 다니엘의 청에 의하여 박사들의 생명도 구하였고, 왕은 그 친구들도 바벨론 지역을 다스리는 자리에 올려 주었다. 많은 사람들이 죽을 수밖에 없었던 상황에서 하나님을 증거하는 기회로 삼았을 때에, 그들은 생명도 얻었고, 부도 얻었고, 명성도 얻었다. 무엇보다도 중요한 것은 살아 계셔서 생명을 주관하시는 하나님을 증거한 사실이었다.

2. 생활 속의 이야기

무디는 1837년 2월 5일 미국 매사추세츠 주 노드필드에 살던 한 가난한 가정에서 7남 2녀 중 여섯째 아들로 태어났다. 그의 아버지는 공사장에서 사고를 당해 열 명의 가족을 남기고 41세에 일찍 사망했다. 가족들은 끼니를 걱정해야 하는 어려운 형편에 놓이게 되었다. 내일의 삶을 보장할 수 없는 삶을 살아가야 했다.

무디는 초등학교를 겨우 졸업하고, 열일곱 살 때 보스턴의 구둣방에 취직했다. 어느 날 무디 소년은 양화점 뒷방에서 간절히 기도를 드리던 중에 큰 은혜를 체험하고, 그 날부터 낮에는 일하고 밤에는 거리로 나가 전도하기 시작했다. 그는 후에 주일학교 선생이 되었고, 나이 22세에 이미 학생수가 수천 명에 이르렀다. 그는 전도가 잘 되지 않을 때면 하나님께, "하나님, 저를 도와주시지 않으면 저는 다시 옛날의 구두 직공으로 되돌아가겠습니다"라고 부르짖었다. 그는 언제나 충성스러웠고, 하나님의 뜻이라면 무슨 일도 사양하지 않았다. 그는 어머니에게 배운 인생 철학을 그대로 실천했다. "하나님의 일을 먼저, 그리고 나의 일은 나중에!" 그는 나중에 유명한 전도자가 되었다. 불을 뿜는 듯한 그의 설교를 듣고 수많은 사람들이 회개했다.

하루는 어느 부자가 술 공장을 크게 지은 후, 그 낙성식에 무디를 초청하고 빈정대는 뜻으로 그에게 기도해 달라고 했다. 무디는 그 곳에 가서 "하나님, 이 술 공장이 얼마나 죄악을 많이 빚어냅니까? 오늘밤으로 당장 이 공장을 멸망시켜 주십시오" 하고 기도했다. 주인은 크게 분개하면서도 깨달은 바가 있었다. 끝내 그는 회개하였고, 그 공장은 후에 예배당이 되었다.

"하나님 우선"이라는 어머니의 가르침이 아들을 세계적인 전도자로 만들었다. 그리스도인에게는 하나님의 일을 가장 먼저 해야 할 가치와 의무가 있다. 하나님을 먼저 세워드릴 때, 하나님은 그 사람을 높여주신다. 언제나 하나님을 전하는 기회로 삼을 때, 하나님은 그 사람도 존귀하게 높여주신다. 인생의 어두운 골짜기를 걸어가는 순간에도 무디는 절망하지 않았고 기도하며 전도하였다.

3. 묵상을 위한 질문

(1) 여러분은 절박한 위기를 통하여 하나님을 증거해 본 경험이 있는가? 어떤 위기에서 어떻게 증거하였는가?

(2) 우리가 믿고 고백하는 하나님이 이토록 모든 신 중의 신이요, 또 은밀한 것까지 알게 하시는 전능하신 하나님이심을 믿고 있는가? 체험담을 나누어라.

4. 결단에의 초청

우리는 큰 위기를 당할 때마다 "큰 일 났어, 큰 일이야, 어떻게 하지" 하면서 절박한 위기의 순간을 당황하면서 보내는 때가 많습니다. 그러나 믿음 가운데 사는 다니엘은 그 위기를 하나님을 증거하는 기회로 사용했습니다.

다니엘은 위기 때마다 기도하였고, 하나님의 도움을 구하였습니다. 우리가 이민자로서 살아가면서 종교, 문화, 정치, 경제, 모든 면에서 생소하게 느낄 때가 많습니다. 또한 믿음을 지키다가 위기에 부딪칠 때도 많습니다. 그러나 우리가 그 위기를 승리의 기회로 삼고, 하나님을 증거하는 기회로 삼게 될 때에, 살아 계신 하나님은 우리를 통하여 나타나게 됩니다. 하나님은 언제나 우리와 동행하면서 돕기를 원하시며, 위기에서 구해 주시는 구원자이십니다. 이러한 하나님을 믿고 일어나서 다니엘과 친구들이 증거한 하나님을 우리도 생활에서 증거하며 삽시다.

제3과
풀무 가운데 함께 하시는 하나님
다니엘 3장

1. 성경 이해

다니엘 3:1-7

느부갓네살 왕은 다니엘이 믿는 하나님을 살아 계신 하나님이라고 고백한 지 얼마 되지 않아서 높이는 육십 규빗(90피트)이요, 넓이는 여섯 규빗(9피트)이나 되는 금 신상을 만들어 모든 사람에게 절을 하도록 명령했다. 자신이 하나님보다 높아지려는 교만이 느부갓네살 왕에게 생긴 것이다. 그는 자신의 권세와 권위를 절대화하고 싶었고, 자신에 대한 충성심을 알고 싶었던 것이다.

그래서 "나팔과 피리와 수금과 삼현금과 양금과 생황과 및 모든 악기 소리를 들을 때에 엎드리어" 금으로 만든 신상에 절하도록 명령했다. 이 신상에 절을 하지 않으면 극렬히 타는 풀무에 던져 넣으리라고 선포했다. 그러자 백성들은 금 신상 앞에서 무릎을 꿇고 절을 하였다.

하나님의 백성은 인간을 창조하시고 주관하시는 하나님께 충성을 다할 것인가 아니면 세상 권세자에게 충성할 것인가를 놓고 결단해야 하는 때가 온다는 것이다.

다니엘 3:8-12

다니엘의 친구들 사드락과 메삭과 아벳느고는 이 신상에 절을 하지 않았다. 이것을 본 갈대아 사람들은 그들을 왕에게 참소(denounce)한다. 이렇게 왕이 세우신 금 신상에 절을 하지 않는 것은 왕을 높이지 아니하는 행동으로써 당연히 질책 받아야 한다는 것이다. 왕이 그들을 세워 바벨론을 다스리게 하였는데 바벨론의 신 앞에서 무릎을 꿇지 않는 것은 모든 것을 근본적으로 거부하고 무시하는 행동이라는 것이다.

다니엘 3:13-18

다니엘의 친구들에 대하여 들은 느부갓네살 왕은 대단히 화가 났다. 왜냐하면 왕이 세운 지도자들이 백성들 앞에서 본을 보이지 않았기 때문이다. 왕은 절을 하지 않는 자들은 풀무불에 던져버린다고 말하면서 그렇다면 "너희를 내 손에서 건져낼 신이 누구이겠느냐"(3:15)라고 하며 하나님을 조롱하였다. 친구들은 하나님께서 그들을 풀무에서 구하여 주실 것이라고 고백했다 (3:17). 그러나 구하여 주지 않는다고 하더라도 금 신상 앞에서는 절을 할 수 없음을 명백하게 말했다. 그들의 하나님은 오직 살아 계신 하나님 한 분이시기 때문이다.

다니엘 3:19-27

느부갓네살 왕은 풀무를 평일보다 일곱 배나 더 뜨겁게

하여 그들을 격렬히 타는 풀무에 던지게 했다. 얼마나 풀무가 뜨거웠는지 그들을 붙든 사람이 타서 죽었을 정도였다. 그런데 왕이 본즉 그 풀무 속에 세 사람이 던져졌는데, 그 안에 네 사람이 불 가운데로 다니고 있는 것이었다. 네 번째 사람은 "신의 아들" 같았다. 그래서 느부갓네살 왕이 "지극히 높으신 하나님의 종"인 세 사람의 이름을 부르면서 풀무에서 나오라고 말을 하자 이 세 사람은 머리털 하나 그을리지 않고 불 탄 냄새도 없이 건강하게 걸어나왔다. 당시의 표현으로 "지극히 높으신 하나님"은 유대인들이 믿던 하나님을 표현하는 말이다.

하나님은 풀무 가운데서도 그들과 함께 하셨다. 그들만 고통을 당하라고 풀무 가운데 고아로 내버려두지 아니하시고 그 뜨거운 풀무 가운데서도 함께 하셨다. 마치 광야 길에서도 함께 하신 것처럼, 예루살렘의 제자들과 함께 하신 것처럼, 사망의 음침한 골짜기에서도 함께 하시는 하나님께서 다니엘의 세 친구와 함께 하셨던 것이다.

다니엘 3:28-30

느부갓네살 왕은 하나님께서 다니엘의 세 친구를 구원하신 것을 눈으로 똑똑히 보았다. 그는 왕의 명령을 거역하고, 다른 신에게 절을 하지 아니하고, 하나님만을 섬기는 종들을 하나님이 구원하셨다고 찬양하였다. 그리고 누구든지 이 하나님에 대하여 잘못 말하는 자들은 그 몸을 쪼개고 그 집을 거름터로 삼겠다고 선포하였다. 그러면서 하나님을 계속 찬양하였다. 왕은 이 세 사람도 높이어 바벨론을 다스리게 하였다.

2. 생활 속의 이야기

1879년 4월 24일에 경기도에서 태어난 주 룰루 전도사는 대대로 귀신을 섬기는 무당의 후손이었다. 집에는 귀신대장 그림이 걸려있었고, 할머니와 어머니는 그러한 부적을 팔아서 생계를 유지하였다.

기독교인은 아니었지만 주 룰루는 어렸을 때부터 그 귀신들 그림이 마음에 들지 않았다. 그리고 우상을 숭배하지 않는 가정에서 사는 것이 소원이었다. 그녀가 16세 되었을 때에, 일본 군대가 중국으로 진격하기 위하여 한국 땅을 통과한다는 소문이 들렸고, 일본 군인들이 젊은 여인들에게 화를 입힌다는 소문이 있어서 그녀의 부모는 급히 서둘러 가난한 농부의 아들과 결혼을 시켰다. 남편과 시댁은 이 여인을 끔찍하게 핍박하였고, 그 학대와 수모를 잊기 위하여 친정에도 가 보았지만 결국에는 다시 시집에 돌아와 아들을 낳는다.

가혹한 학대로 인하여 고통을 당하고 있을 때에 그녀는 전도를 받는다. 예수 그리스도를 소개받는다. 그러나 시집에서는 무당을 데리고 와 굿판을 벌였다. 무당은 그녀의 머리와 몸을 때려서 온 몸이 피투성이가 되게 하였다. 또한 그는 남편으로부터 핍박을 받았는데 교회만 간다고 하면 잔인하게 몽둥이로 두들겨 팼다.

그러나 그렇게 핍박하던 남편도 병으로 죽었고, 또한 아들 하나도 병으로 죽게 되었다. 전심으로 주님의 일을 하던 그에게 사람들은 조롱하기 시작하였다. "저 예수쟁이가 남편도 죽고, 아들도 죽고, 얼마 안 가서 저도 뒤따라 죽겠군" 하면서 빈정거렸다.

그러나 어떠한 핍박도 그녀를 굴복시키지는 못하였다. 그는 핍박과 비통의 싸움에서 이겨냈다. 그렇게 할 수 있었던 것은 인자하신 하나님께서 언제나 그녀와 함께 동행하셨기 때문이다.

그는 1910년 백천으로 파송되어 전도사로서 즐겁게 생활을 하였다. 그녀의 일생을 다 마치는 순간까지 그녀는 복음을 위해서 핍박받는 자와 함께 하시는 하나님의 은혜를 증거하였고, 그러한 고통으로부터 구원하시는 하나님을 증거하였다.

3. 묵상을 위한 질문

(1) 여러분도 살면서 풀무 속에 던져졌던 위기가 있었는가? 그러한 위기 속에서 풀무 가운데 만난 하나님은 어떤 하나님이셨는가?

(2) 여러분이 생명의 위협을 받는 순간에 복음을 부인한 적이 있는가? 있었다면 어떤 두려움이 여러분을 그러한 궁지로 몰아넣었는가?

4. 결단에의 초청

믿음생활을 할 때에 하나님이 우리를 도와주시는 경우도 있지만, 어떤 때에는 우리가 하나님을 위하여 생명과 물질을 내어놓아야 할 때도 있습니다. 그럴 때에 두려움을 가지고 피하거나 타협을 하게 됩니다. 그러나 하나님께서는 풀무 가운데서도, 광야에서도, 물 가운데서도, 불 가운데서도 함께 하십니다. 하나님은 편안하게 좋은 곳에 계시고 우리에게만 고통을 당하도록 내버려두시는 분이 아니십니다.

하나님의 사랑은 육신의 몸을 입고 이 땅에 오시는 사랑입니다. 우리의 형편으로 내려오시는 사랑이십니다. 이러한 하나님의 사랑을 붙잡고 어려운 순간이나, 절망의 순간이나, 또한 협박을 받는 순간에도 믿음을 지킬 수 있어야 합니다.

비록 하나님이 없는 사회, 직장, 이민생활이라고 하더라도 하나님은 언제나 우리와 함께 동행하심을 믿고 하나님을 신뢰하며 일어섭시다.

제4과
교만한 왕을
다루시는 하나님
다니엘 4장

1. 성경 이해

다니엘 4:1-18

4장에는 느부갓네살 왕이 꾼 두 번째 꿈이 나온다. 느부갓네살 왕의 꿈은 큰 나무에 관한 꿈이었다. 그 나무는 얼마나 큰지 나무의 끝이 하늘에 닿을 정도였다. 그 잎사귀는 무성하고 열매는 주렁주렁 맺혀서 온 세상 사람이 먹어도 될 정도로 풍성하였다.
그런데 갑자기 하늘에서 음성이 들리는 것이었다.
"그 나무를 베고…
그 뿌리의 그루터기를 땅에 남겨 두고…
짐승의 마음을 받아 일곱 때를 지내리라"(14-17절).
이 꿈을 꾸고 난 후, 느부갓네살 왕은 두려워 견딜 수가 없었다. 그래서 이 꿈의 해석을 다니엘에게 부탁했다.

다니엘 4:19-27

다니엘은 이 꿈의 내용이 느부갓네살 왕에게 임할 엄청

난 재앙이기에 고민스러워 왕에게 알리지 못하다가 결국에는 그 꿈의 내용을 왕에게 자세히 풀어주었다. "하늘에 닿는" 큰 나무는 바로 느부갓네살 왕을 상징한다. 그것은 그의 명성과 능력, 그리고 교만이 하늘에 닿을 정도로 높아진 것을 의미한다. 그리고 왕은 7년 동안 정신이상에 걸려서 소처럼 풀을 먹으면서 들에서 거하게 될 것이다. 하나님께서 이 큰 나무의 생명을 구하여 뿌리는 남겨두실 것이다. 그리고 왕이 겸손해져서 하나님이 다스리는 분이신 것을 깨달은 후에는 다시 왕의 나라를 회복하고 견고하게 하실 것이라는 것이 다니엘의 해석이었다.

다니엘 4:28-33

이러한 꿈이 실제로 느부갓네살 왕에게 임했다. 그러나 하나님은 세상을 다스리고 있음을 알게 하시려고 그에게 12개월의 시간을 허락하셨다. 열두 달이 지난 후에 왕이 스스로 큰 바벨론을 자신의 힘으로 건설하였다고 거만하게 말하자 하늘로부터 왕위가 떠났다는 소리가 들리면서 일곱 해 동안 왕은 미쳐서 들짐승과 함께 지내게 되었다.

다니엘 4:34-37

때가 되자 다시 느부갓네살 왕은 정상으로 돌아오게 되었다. 그에게 총명이 돌아왔고 나라의 영광과 권세도 돌아왔다. 하나님은 그에게 전보다 더 큰 권세를 허락하였다. 그 때에 왕은 하나님을 찬양하면서, 이 세상의 나라를 다스리는 주권이 전적으로 하나님에게 있음을 고백한다.

2. 생활 속의 이야기

어느 날 벤자민 프랭클린이 이웃집을 방문하게 되었는데, 그의 방문이 끝난 후 이웃 사람이 그 집 밖으로 나가는 지름길을 가르쳐 주었다. 그러나 천장보다 낮은 들보 하나가 중간에 있었다. 그래서 이웃 사람이 "숙여요. 머릴 숙이세요"라고 외쳤지만, 때는 이미 늦어서 프랭클린은 그만 머리를 부딪치고 말았다.

이웃 사람이 프랭클린을 불러서 말했다. "젊은이, 자네가 이 세상을 살아갈 때 머리를 자주 숙이면 숙일수록 그만큼 부딪치는 일이 없을 걸세." 이 말이 프랭클린의 마음 속에 깊이 새겨졌고, 자만심이 그의 심중에 떠오를 때에는 항상 이 말을 기억하고 머리를 숙이게 되었다고 한다.

또한 어느 유명한 사람이 다음과 같이 말하였다: "여러분이 올바른 길을 가고 있다고 하여 자신에 대해 약간 교만이 생길 때, 여러분은 이미 그릇된 길을 가기 시작하는 것임을 명심하라."

"마음을 낮춤으로써 자기보다 다른 사람을 더 낫게 평가하도록 하라. 그리고 단순히 하나님께 영광을 돌린다는 외적 표현만을 사용함으로써 이러한 자만심을 은폐해서도 안 된다."

우리가 삶의 모든 부분에서 하나님의 주권을 인정하며 하나님으로부터 겸손하게 인도함을 받으려고 할 때, 하나님은 우리를 이전보다 더 세워주실 것이다. 외적 표현보다 중심으로부터 나오는 겸손한 자세는 하나님을 하나님으로 고백하고, 인정하며, 순종하는 데서 시작된다.

3. 묵상을 위한 질문

(1) 우리가 쉽게 회개하지 못하는 이유는 무엇인가? 회개한 후에도 같은 잘못을 또 반복하는 이유는 무엇 때문인가?

(2) 하나님은 여러분의 교만을 어떻게 다루시는가? 하나님이 교만을 다루시는 동기와 목적은 무엇인가?

4. 결단에의 초청

세계 통치자였던 느부갓네살 왕도 하나님 앞에서 겸손하게 무릎을 꿇었습니다. 그리고 최고의 통치자는 하나님이시며 그 하나님을 찬양하고 칭송한다고 말했습니다. 어떤 우상도, 어떤 권력도 하나님 앞에서 겸손히 무릎을 꿇어야 합니다. 우리는 최고의 통치자 되시는 하나님의 거룩한 백성으로 부름을 받았습니다.

가장 작은 성도들인 우리도 겸손히 하나님의 통치 앞에서 순종해야 합니다. 하나님은 교만한 자를 다루시며, 모든 통치는 하나님이 하고 계심을 증명하십니다. 우리는 우리의 통치자가 되시는 만왕의 왕이신 하나님의 백성임을 기뻐합시다. 그리고 하나님이 요구하시는 겸손하고 거룩한 백성답게 살아가야 합니다. 역사의 주인은 하나님이시고, 그분이 모든 것을 아시고 통치하시는 분이심을 고백하면서 담대하게 살아갑시다.

제5과
저울에 달린 벨사살 왕의 최후
다니엘 5장

1. 성경 이해

다니엘 5:1-4

　5장에는 하나님의 권위를 무시하고, 하나님 성전의 거룩한 기물들을 사용하여 세속적인 축제를 벌였던 바벨론의 마지막 왕 벨사살의 최후에 관한 기록이 담겨 있다. 벨사살 왕은 메대의 고레스 왕에게 패배당했다.

　시기적으로는 주전 539년 10월경이었고, 바벨론 성 밖에는 메대(페르시아 북쪽 사람들)와 바사(페르시아, 오늘의 이란)의 왕 다리오가 포위하고 있었는데, 바벨론 성이 워낙 든든하여 몇 년 동안 버틸 수가 있었다. 하지만 서로에게 긴장과 불안의 시간이었다. 벨사살 왕은 이러한 긴장도 풀고, 궁 안에 있는 귀인들의 사기를 올리기 위하여 천 명을 불러 잔치를 베풀었다. 그런데 그 잔치에 쓰는 기물들은 느부갓네살 왕이 예루살렘 성전에서 가지고 온 거룩한 성물들이었다. 벨사살 왕은 그 성물로 술을 마시며 신성모독을 하였다. 그리고 금, 은, 동, 철, 나무와 돌로 만든 신을 찬양하고 하나님을 모독하였다.

다니엘 5:5-12

그런데 두려운 일이 벌어졌다. 흥청망청 술을 먹고 난장판이 되어가고 있을 때, 벽에 밝은 촛불 아래서 글씨를 쓰는 손가락을 보았다. 벨사살은 너무나 두렵고 떨려서 다리가 녹아 내리는 것 같았다. 아무리 하나님을 대적하는 악인이라 하여도 아직 양심은 조금 남아있었던 것 같다. 그는 갈대아의 박사들과 술사들, 점쟁이들을 불러서 다급하게 해석하도록 명령하였다. 그러나 하나님이 주신 글씨이니 누가 이것을 해석할 수 있겠는가? 그 때 왕후가 들어와서 다니엘을 부르라고 요청했다. 이 때는 시대가 변하여 다니엘이 정계를 떠난 상태였던 것 같다.

다니엘 5:13-31

다니엘이 급히 연회장으로 들어왔을 때에, 왕은 이 글을 해석하여 주면 나라의 셋째 통치자로 삼겠다고 약속을 하였다. 그러나 다니엘은 그러한 상급에 마음이 요동하지 않고 당당하게 역사적인 설교를 했다. 죽음도 두려워하지 않고 벨사살 왕의 잘못을 책망하였다.

여기에서 느부갓네살 왕을 부친이라고 하는데, 부친이라는 말이 종종 조상을 뜻하는 말로 사용되었으므로 실제로 벨사살은 느부갓네살의 손자로 보는 것이 정확하다. 다니엘은 느부갓네살을 예로 들어 그가 교만하여 하나님의 심판을 받은 것과, 7년 동안 들짐승과 함께 산 것과, 하나님께서 온 우주의 주권자이심을 깨닫기까지 그가 받은 재앙을 기억하게 하였다. 하나님의 심판을 경험한 그의 후손이 교만하여 하나님의 성전 기물에다 술을 마시고, 다른 신들을 찬양하며, 하나님을 모독하였으니 벽에 쓴 글은 심판의 글임을 분명하게 말했다.

　벽에 나타난 글은 "메네 메네 데겔 우바르신"이다 (5:25). 숫자를 센다는 뜻을 가진 "메네는 하나님이 이미 왕의 나라의 시대를 세어서 그것을 끝나게 하셨다" 하는 것이며 (5:26), 무게를 잰다는 뜻을 지닌 "데겔은 왕을 저울에 달아 보니 부족함이 보였다" 함이며 (5:27), 나눈다는 뜻을 지닌 "베레스는 왕의 나라가 나뉘어서 메대와 바사 사람에게 준 바 되었다" 함이라고 다니엘은 해석하였다 (5:28).

　이 저울의 영적 해석은 무엇일까? 이 저울은 예수 그리스도이시며, 저울의 추는 공정하고, 신성하고, 선하며, 거룩하신 예수 그리스도 자신의 법이다. 또한 저울의 추는 인간이 이행할 수 있도록 창조되었고, 거기에 순종하면서 자기의 행복을 찾는 법을 상징하고 있다.

　벨사살 왕은 이 저울, 곧 창조주 하나님의 법에 비추어 볼 때 부족했다. 모든 인간은 이 저울에 달릴 때 부족한 것이 당연하다. 단지 예수 그리스도의 행위로 인하여 의롭다 여김을 받을 뿐이다. 벨사살 왕은 성전 기물을 타락한 축제에 사용하였으며, 기물을 우상숭배의 도구로 사용하여 하나님을 대적하였기 때문에 결국 하나님의 심판 아래 들어가게 되었다. 이는 하나님과 분리된 자의 최후가 어떠한 것인지 보여주고 있다. 이 해석을 마치자 다니엘은 정계의 셋째 통치자의 자리에 앉게 되었고, 그 날 밤 갈대아 왕 벨사살은 죽임을 당하였고, 메대 사람 다리오가 나라를 얻게 되는데, 그 때 다리오의 나이는 62세였다.

2. 생활 속의 이야기

　언제나 돈을 주님처럼 섬기는 박씨 아저씨가 시골 작은 마을에 이사온 지도 1년이 되어가고 있었다. 그 아저씨는 작은 마을에 대궐 같은 집을 짓고, 울타리도 든든하게 짓고, 집을 지키는 경비원까지 두면서 교만하게 살고 있었다. 지하에는 운동기구가 있는 방이 있었고, 집 안에서도 엘리베이터를 타고 다니는 등 집 안에 들어가기만 하면 일류 호텔보다도 더 좋은 집을 가지고 있었다.
　이 박씨 아저씨가 마을 사람들의 입에 오르내리기 시작한 것은 그가 유명한 구두쇠이었을 뿐만 아니라 하나님을 믿는 자들을 핍박하는 자라는 것 때문이었다. 전도하러 온 자들에게 무서운 개들을 풀어서 놀라게 했고, 돌아가는 그들에게 저주하며 욕하는 것이 보통이었다. 그는 언제나 손을 불끈 쥐면서 "내 손을 믿어, 차라리 내 주먹을 믿어. 예수가 나에게 해 준 것이 무엇이냐?"라고 소리 지르기도 하였다. 동네에서 좋은 일이 있어도 얼굴 한번 내밀지 않았고, 동네 학교에서 좋은 일이 있다고 하여 기부금을 받으러 와도 절대로 기부하지 않는 아저씨였다. 그래서 그 집을 지날 때마다 동네 사람들도 침을 뱉으며 "어디 너 혼자 잘 사나 보자"라고 소리치고 지나가곤 했다.
　이 마을에 새로 전도사 한 분이 교회에 파송을 받아 오게 되었다. 그 젊은 전도사는 열심히 그 집을 방문하면서 그 주인을 전도하려고 하였다. 박씨 아저씨에게는 열심히 심방하는 젊은 전도사가 그렇게 귀찮을 수가 없었다. 그래서 전도사가 오는 날에는 더 많은 개를 풀어서 위협을 하며 그 집 근처에도 오지 못하게 하였다.

그런데 어느 날 그렇게 든든한 성에서 살던 박씨 아저씨가 죽었다는 소식이 들려왔다. 그 날도 정력에 좋다는 음식을 먹고 아래층에서 운동을 하고, 온 세상이 자기 것처럼 마을을 내려다보고 있는데 경비원이 잠시 문을 열고 있는 틈으로 동네의 강아지 한 마리가 그 집에 들어가게 되었다. 그 강아지는 아저씨가 귀하게 여기는 화단에 들어가서 큰 일을 보는 중이었다. 박씨 아저씨는 너무나 괘씸하여 "이 녀석아, 여기가 어디인 줄 알고… 어서 나가지 못해"하면서 달려와서 개를 내쫓으려고 하였다.

박씨 아저씨가 죽은 것은 그 강아지를 내쫓다가 발을 헛디디고 뒤로 넘어지면서 그 자리에서 뇌진탕으로 죽었다는 소식이었다. 박씨 아저씨는 자신을 지켜줄 것 같았던 든든한 성을 남겨 두고 한 순간에 이 세상을 떠났다. 그의 장례식에는 아무도 얼굴을 내밀지 않았다. 만수무강을 할 것 같았던 박씨 아저씨는 한번도 아프지 않았지만, 너무나 쉽게 죽음의 길로 떠났다. 그래서 그는 또 한번 유명해졌다. "그렇게 어이없이 쉽게 가는 인생도 있다"는 일례를 남기고 갔기 때문이다.

3. 묵상을 위한 질문

(1) 내가 하나님 앞에서 부족하게 보이는 것은 무엇인가? 부족함에도 소망을 잃지 않는 이유는 무엇인가?

(2) 하나님을 믿지 않는 자들이 형통할 때에, 여러분은 어떤 유혹을 받는가?

4. 결단에의 초청

하나님은 역사를 주관하시는 분이십니다. 하나님은 모든 것을 알고 계시며, 역사를 시작하시고 완성하시는 분이십니다. 하나님은 속지 않으시며, 하나님을 대적하는 자들의 모든 일상을 보고 계십니다. 벨사살 왕이 하나님의 성전 기물을 가지고 잔치를 베풀고 하나님을 모독하였을 때, 그의 인생은 그 날 끝났습니다.

우리는 가끔 우리가 믿는 하나님이 어디에 계신가 질문할 때가 있습니다. 기도해도 응답이 없고, 하나님이 함께 계신 것에 대한 의문이 생기기 때문입니다. 그리고 악인이 형통하는 것 같아서 마음의 상처를 받을 때도 많습니다.

하나님은 살아 계신 하나님이십니다. 그는 믿는 자와 믿지 않는 모든 이들의 하나님이 되십니다. 그리고 우리 삶을 그리스도라는 저울의 추로 달아보시는 하나님이십니다. 역사를 주관하시는 하나님을 우리의 하나님으로 고백하면서 겸손하게 모든 것을 맡기는 신앙생활을 합시다.

제6과
사자 굴에서도 함께 하시는 하나님

다니엘 6장

1. 성경 이해

다니엘 6:1-9

 6장은 다시 시대가 바뀌어 바벨론(이락)으로부터 바사(페르시아)로 넘어가는 과도기 시대가 시작이 되었다. 다리오 왕은 연로한 다니엘과 함께 다른 두 사람을 나라를 치리하는 총리로 세웠다. 다니엘은 청렴결백하게 나라의 재산을 관리하고 정직한 정치가로서 모범을 보여 왕에게도 감동을 주었다.
 그러한 다니엘에 대하여 다른 두 총리는 시기 질투가 났다. 다니엘을 모함하여 자신들이 정치를 휘어잡으려는 생각을 한 것이다. 다니엘을 헐뜯기 위해 없는 죄를 있는 것처럼 만들어서 고소하기 위하여 생각한 것이 바로 앞으로 30일 동안 왕 이외에 다른 신에게 기도하는 자들을 사자 굴에 넣는다는 법령을 만들어 가지고 와서 왕으로 하여금 그 조서에 도장을 찍게 하는 것이었다. 이렇게 될 때에 하나님에게 언제나 기도하는 신실한 다니엘이 고소당할 수밖에 없다는 것을 알았기 때문이다.

다니엘 6:10-15

다니엘은 그 조서에 왕의 도장이 찍힌 것을 알고도 자기 방에 들어가 예루살렘을 향하여 하루에 세 번 기도를 하였다. 언제나 했던 것처럼 하나님을 향하여 감사기도를 드렸다. 다른 두 총리는 다니엘이 하나님께 기도하는 것을 발견하고 왕에게 고발했다. 그러나 이 말을 들은 왕은 어떻게 해서든지 다니엘을 살려보려고 했다. 하지만 무리들은 왕이 다니엘의 경우를 그냥 지나쳐 버리면, 나라의 규례를 어기는 것이 되며, 왕이 세운 법령을 변경하는 것이 된다고 주장하였다.

다니엘 6:16-18

왕의 도장이 찍힌 것을 알면서도 자기 방에 들어가 기도한 다니엘의 행위는 왕에게 불복종하는 행위였다. 왕은 할 수 없이 다니엘을 사자 굴에 던져 넣었다. 그러면서 "네가 항상 섬기는 너의 하나님이 너를 구원하"실 것이라고 말했다 (16절). 그리고 돌을 굴려서 굴의 입구를 막고 왕과 귀인들이 도장을 찍어서 봉해버렸는데, 그것은 확실히 다니엘이 처치되었다는 것을 보여주기 위함이었다.

다니엘을 사랑하고 총애하던 다리오 왕의 마음은 너무 아팠다. 왕은 금식하고 모든 악기의 연주를 멈추게 하고 괴로워하였다. 왕은 어떤 모략에 의하여 다니엘이 걸려들었음을 알게 되었지만 자신이 도장을 찍어 인정한 법령을 어기고 다니엘을 구할 수가 없었다. 하나님께서 개입하시는 것만이 다니엘을 구할 수 있는 길이 되었다.

다니엘 6:19-24

왕은 밤새도록 잠을 잘 수가 없었다. 그리고 다음 날 새벽 일찍 사자 굴로 찾아갔다. 혹시 그의 하나님이 그를 구원하시지 않았을까? 그러나 어찌 그런 일이 일어날 수가 있겠는가? 왕은 사랑하는 다니엘이 죽었을지도 모른다는 생각에 슬피 소리 질러 다니엘을 부른다. "네가 항상 섬기는 네 하나님이 사자들에게서 능히 너를 구원하셨느냐?" (6:20). 그러자 다니엘의 음성이 낭랑하게 들려왔다. "왕이여 원하건대 만수무강 하옵소서," 오래 오래 사시옵소서 (6:21). "나의 하나님이 이미 그의 천사를 보내어 사자들의 입을 봉하셨으므로 사자들이 나를 상해하지 못하였사오니"라고 다니엘은 대답하였다. 그리고 "나의 무죄함이 그 앞에 명백"히 드러난 것이라고 다니엘은 왕에게 대답했다 (6:22).

왕은 너무나 기뻐서 다니엘을 굴에서 올리라고 하며, 오히려 다니엘을 참소한 자들을 끌어와서 사자 굴에 던져 버렸다. 그러자 그들이 굴 밑에 도달하기도 전에 사자가 그들의 뼈까지도 부스러뜨렸다.

다니엘 6:25-28

하나님을 믿지 않던 다리오 왕이었지만 "그는 살아 계시는 하나님이시요 영원히 변하지 않으실 이시며 그의 나라는 멸망하지 아니할 것이요 그의 권세는 무궁할 것이며"(6:26)라고 고백한다. 다니엘은 다리오 왕이 있는 동안 형통하게 살았다.

2. 생활 속의 이야기

우크라이나 공화국은 교회를 박해하면서 3년 동안에 700개의 교회를 불도저로 밀어 버리든가 티엔티(TNT)로 폭발시켜 버렸다. 교회 건물을 그냥 보존해 두는 곳에서도 교회를 극장이나 석탄 저장소, 목욕탕, 도서관, 혹은 탱크 넣는 창고로 사용하였다. 그렇게 핍박을 가했어도 기독교인들은 신앙을 버리지 않고 숨어서 야외 노천이나 혹은 야채 밭에서 은밀히 모여 예배를 드렸다. 그들의 예배는 생명을 걸고 드리는 열성적 예배였다. 지하교회에서는 보통 2시간에서 8시간 동안이나 예배를 드렸다.

독일계 소련인 클라센(David Klacen) 목사는 한국에 와서 순회하면서 뜨겁게 간증을 했다. 그의 간증에 의하면, 옛 소련 법률은 18세 이상의 남자가 교회에 나가는 것이 발각되면 형벌을 받았다고 한다. 기독교인을 도와주는 이는 3년형을 받았으며, 가정에서 자녀들에게 기도를 가르치는 부모는 체포되어 옥살이를 하였다는 것이다. 성경책은 소련에서는 반소(反蘇)문서로 취급했다고 한다.

어떤 군인은 예수를 믿었다고 해서 가슴을 불로 지지고, 칼로 난도질해서 시체를 흑해에 던져 버렸다고 한다. 니콜라이라는 성도는 예수 믿었다고 혓바닥을 뽑아 버리고 화젓가락으로 전신을 찌르고 불에 달군 철판으로 발바닥을 지졌다. 그러나 이러한 격심한 박해 가운데에서도 기독교인은 계속 증가되어 갔다. 집회는 왕성했고 교인들은 생명을 걸고 예수를 믿었다.

이러한 예배에서 목사가 잡히면 보통 20년에서 25년 징역에 처해졌다. 노천에서 예배를 드리다가 무장경관들의 습격과 포위를 받으면 경관들은 무차별 발포했는데, 총에 맞아 죽는 교인도 많았고 또는 소방차를 동원하여 물을 끼얹는 일도 있었다.

클라센 목사는 17세 때 교회에 나가 세례를 받았고, 6주만에 사형수들과 함께 끌려 형장에 나가 손수 자기가 파묻힐 구덩이를 팠다. 죄수들을 세워놓고는 술에 만취된 소련 군인들이 기관총을 난사했다. 그런데도 함께 끌려간 사람들이 죽어 쓰러지는 그 속에서 클라센 목사만은 기적적으로 살아났다.

그는 네 차례나 붙잡혀 도합 10년이나 감옥살이를 했다. 고문 받을 때는 손가락 끝을 바늘로 찌르며 입 속에다 담뱃불을 억지로 쓸어 넣기도 하고 작은 고무 옷을 억지로 입혀 놓고 숨쉬지 못하게 했다. 그는 시베리아 감옥으로 끌려갔다. 그 곳 감옥에서는 기독교인들을 인간 생체실험 재료로 사용하기도 했다. 클라센 목사는 이러한 어려운 핍박과 위험 속에서도 하나님이 지켜주셨음을 간증하였다. 핍박이 온다고 하여, 생명의 위협이 온다고 하여 하나님을 부인하지 않았다. 그리고 언제나 하나님을 믿고 고백하였으며 담대하게 하나님을 증거하였다. 그 어떤 것도 그가 하나님을 증거하는 것을 막을 수는 없었다. 하나님은 그러한 클라센 목사를 감옥에서도, 핍박과 위험에서도 함께 하여 주시고 보호하여 주셨다.

3. 묵상을 위한 질문

(1) 종교 탄압이 없는 곳에서 사는 우리가 믿음을 지키기 위하여 어려움을 겪는 경우는 어떤 때인가?

(2) 믿음을 지키는 것이 두려워서 여러분은 베드로와 같이 예수님을 부인한 적은 없었는가? 그 과정을 어떻게 극복하고 회복하였는가?

(3) 여러분이 사자 굴과 같은 암흑과 절망 속에서 하나님의 손길이 함께 하셨던 것을 체험한 적이 있는가?

4. 결단에의 초청

우리는 복을 받기 위하여 믿음생활을 시작하기도 합니다. 하나님을 믿으면 무엇인가가 유익할 것 같아서 믿는 실리적인 믿음을 가지고 있습니다. 이러한 믿음은 핍박이 찾아오고, 고난이 찾아 올 때 그 진실성을 검증할 수가 있습니다. 어떠한 상황에서도 믿음을 지키고 승리할 때, 하나님께서 승리할 수 있는 힘을 주시며 보호를 약속하십니다. 하나님은 풀무 가운데서도, 폭풍우 가운데서도, 사자 굴에서도 함께 하시는 분이십니다. 위험을 지켜줄 뿐만 아니라 생명도 보호하여 주십니다. 자신의 유익과 안전을 위하여 믿음을 포기하지 말고 담대하게 하나님을 증거하고 고백합시다. 기독교 신앙은 고난을 피하는 것이 아니라 맞서서 이겨내는 승리하는 신앙입니다. 하나님의 사랑이 우리로 하여금 승리하도록 도와주심을 믿읍시다.

제7과
네 짐승과 인자 같은 이에 대한 다니엘의 환상
다니엘 7장

1. 성경 이해

다니엘 7:1-8

1-6장에는 다니엘의 생애에서 일어난 사건들이 기록되어 있고, 7-12장에는 다니엘이 본 네 가지 환상에 대하여 기록되어 있다. 7장은 1-6장과 8-12장을 이어주는 다리 역할을 한다.

다시 역사적 배경이 바벨론의 마지막 왕 벨사살 시대(주전 550/549)로 돌아간다. 그 때에 다니엘이 꿈을 꾸었는데 대략 내용은 큰 바다로부터 네 짐승이 나타나는 꿈이었다. 하늘로부터 온 네 바람에 출렁거리는 바다는 하나님을 거스리고 대적하는 혼돈의 힘을 생각하게 한다.

첫째는 사자와 같다. 바벨론 왕을 상징한다. 둘째는 곰과 같다. 바사 왕을 상징한다. 셋째는 표범과 같다. 희랍 왕을 상징한다. 넷째는 머리에 열 뿔이 있는 짐승이었다. 뿔은 힘과 권력을 상징한다. 마지막 열 뿔 달린 짐승은 다니엘이 보기에도 무섭고 전에 본 세 짐승과는 전적으로 다른 것이었다.

다니엘 7:9-14

다니엘은 이 세상 제국을 짐승으로 계시하는 환상을 보았다. 그러나 그 제국도 인자의 나라, 곧 메시아 왕국에 의하여 심판을 받게 될 것이라는 하늘 보좌의 환상도 보았다. 마지막 결정은 먹기를 탐하고 두려움을 일으키는 강대국들이 내리는 것이 아니라, 옛적부터 항상 계신 이, 곧 하나님께서 내리신다는 것이다. 하나님의 보좌의 묘사는 에스겔 1:15-21, 26을 생각나게 한다. 또한 사도 요한이 만나는 요한계시록의 예수님의 모습을 생각나게 한다. 그 보좌 앞에는 천천의 천사들이 수종을 들고 있었다.

강대국들에게서 빼앗은 권력은 "인자처럼, 곧 사람처럼 보이는 분"(예수님)이 "옛적부터 항상 계신 이"로부터 (하나님) 넘겨받으신다. 이 분은 4-7절에 나오는 "짐승들"하고는 다른 "사람"이다. 그는 "바다"에서 올라온 짐승들과 구별되어 "하늘 구름을 타고" 하나님으로부터 오시는 분이시다. 신약성경에서 자주 나오는 인자의 개념이 다니엘서에서 처음으로 선을 보이고 있다. 결국에 인자 같은 이는 모든 권세를 가지게 될 것이다. 이 짐승들이 잠시 힘을 얻고 세상을 정복하고 있는 것 같지만 결국에는 그리스도의 왕국이 최후 승리를 할 것이다. 그리고 모든 만물이 그를 섬길 것이요, 그 나라는 폐하지 않을 것이다.

다니엘 7:15-28

다니엘은 마음이 답답하여 계시를 준 천사에게 나아가 물었다. 넷째 짐승이 도대체 무엇을 의미하는가? 유독 그

넷째 짐승이 너무나 두렵고 놀라왔기 때문이었다. 천사가 그 환상의 뜻을 풀이해 주었다.

넷째 짐승은 이름이 밝혀지지 않고 있다. 그러나 앞에 나온 세 짐승과는 전혀 비교가 되지 않는 위력적이고 파괴적인 짐승임을 암시하고 있다. 큰 철 이를 가지고 있고 그 발톱은 놋이라고 하였다. 또한 열 뿔이 있다고 하였다. 성경에서 뿔은 권세를 상징한다. 한 뿔의 권세도 굉장한데 열 뿔을 가지고 있는 짐승이라는 것이다. 이 열 뿔 가운데서 작은 뿔 하나가 생기기 시작하더니 먼저 뿔 중 셋을 뿌리까지 뽑아 버렸다.

이 넷째 짐승은 무엇을 의미하는 것일까? 곧 세계 패권을 잡을 강대한 제국을 예언하고 있는 것이다. 이러한 제국이 하나님으로부터 구별 받은 성도들과 싸워서 처음에는 이기는 것 같았지만, 하나님은 박해자에게 아주 짧은 시간만을 허락하실 뿐이다. 이제 지극히 높으신 자의 백성들에게 모든 권세가 붙인 바 될 것이며 그의 나라는 영원할 것이다.

2. 생활 속의 이야기

몇 년 전 전국 대학생 농구 대회에서 UCLA가 12년 만에 다시 챔피언이 되었던 때가 있었다. 64개의 전국 대학교의 농구팀이 참가하여 토너먼트로 승리를 향한 경기를 벌일 때였다.

UCLA는 강력한 우승후보였다. 코치도 좋았고, 좋은 선수들이 보강되었을 때였다. 그래서 모든 스포츠 기자들은 UCLA를 강력한 우승후보로 뽑았다. UCLA 선수들이 첫 번째 경기에 이겨 32강 경기에 들어갔을 때였다. 열심히 상대편 대학교와 경기를 하면서 누가 이길지 모르는 아슬아슬한 게임이 벌어졌다. 그런데 게임 종료 4초를 남겨두고 UCLA가 1점 지게 되었다. 73 대 74로 강력한 우승후보였던 UCLA는 아쉽게도 32강에도 못 미치고 중간에 탈락할 위기에 놓였다. 그렇게 되자 감독은 작전타임을 요구하였다.

필자도 그 경기를 TV로 보고 있었는데, 손에 땀을 쥐게 하는 게임이었다. 특별히 그 학교에 다니고 있는 딸이 응원을 해달라고 해서 다른 일 다 제쳐놓고 게임을 보는 중이었다. 그런데 이렇게 허무하게 초반 게임에서 지다니… 필자도 순간 아쉬운 생각에 안타까워하고 있었다.

그런데 4초를 남겨두고 작전타임을 가졌던 UCLA는 다시 경기로 들어갔다. UCLA의 한 작은 선수가 공을 갖고 코트에 들어섰다. 필자는 모든 게임이 끝난 줄 알았는데, UCLA의 감독은 결코 포기하지 않았던 것 같았다. 그 작은 선수는 코트에 들어서면서 공을 튀기면서 안으로 들어갔다. 상대편 선수들이 적극적으로 방어하고 있었고, 서로의 팀들은 4초를 남겨두고 초긴장하고 있었다. 그러자 그 작은 선수는 코트 중간에 들어서자 자신을 방어하고 공격하는 선수들을 두고 돌아서서 뒤를 향해 공을 던졌는데 그것이 골인이 되었다. 그러자 타임아웃을 알리는 종소리가 울렸다. 믿을 수 없는 승리가 UCLA에게 주어졌다. 그 게임에서 아슬아슬하게 이겼던 UCLA는 계속 선전을 하였고, 결국 그 해의 챔피온의 영광을 안았다.

게임이 끝나자 온 UCLA 학교는 들썩이기 시작하였다. 경찰이 그 대학교를 포위하고 불상사가 나지 않도록 경비를 하였다. 저녁에 모든 TV 뉴스에 그 소식이 전해졌다. 필자는 그 뉴스를 보면서 낮에 직접 보던 게임보다 흥분하지 않았다. 걱정도 되지 않았다. 왜냐하면 "이미 이긴 게임이기" 때문이었다.

하나님께서 세계 역사를 인도하시면서 최후의 승리가 하나님에게 있음을 이미 계시하여 주셨다. 그리스도를 통한 세계 역사의 대승리는 이미 묵시록과 계시록에 승리한 역사로 남아있다. 우리는 그 안에 들어가면 그분의 승리가 우리의 승리가 되는 것이다. 그래서 이미 승리를 알고 있는 거룩한 백성들이 담대하게 생활에서 승리를 하게 되는 것이다.

3. 묵상을 위한 질문

(1) 이 세상을 다스리고, 인도하시는 분은 누구이신가? 우리가 그분을 실제 생활에서 어떻게 체험할 수 있다고 생각하는가?

(2) "인자 같은 이가" 최후 승리를 한다는 것이 우리 신앙생활에서 어떤 의미를 주고 있는가?

(3) 하나님은 왜 다니엘에게 미래에 대한 역사를 계시하여 주신다고 보는가? 여러분도 자신의 미래에 대하여 알기를 원하는가? 미래의 일을 알게 될 때에 유익한 점과 유익하지 않은 점은 무엇이라고 생각하는가?

4. 결단에의 초청

하나님께서는 여러 가지 모양으로 거룩한 백성들을 인도하시고 지켜주십니다. 그리고 특별히 하나님을 위하여 핍박을 받고 절망에 빠져 있을 때에도 위로하여 주십니다. 다니엘서는 암담한 시대의 성도들을 위로해 주기 위하여 주신 하나님의 말씀입니다. 하나님께서 마지막 최후 승리자가 되실 것이며, 그분의 거룩한 백성도 함께 승리를 할 것입니다. 아울러 암흑의 세력은 결국 처참하게 멸망할 것임을 알려주십니다. 이러한 묵시문학은 암담한 상황에 있었던 성도들에게 큰 위로가 되었던 말씀입니다.

우리도 아무 것이 보이지 않는 시대에, 절망적인 시대에 살고 있는 것 같지만, 하나님께서는 이 역사의 주인이시며 승리의 역사로 인도하고 계십니다. 그러한 하나님으로 인하여 오늘도 힘을 얻고 위로를 얻습니다. 또한 소망을 가지게 됩니다. 역사의 최후 승리를 하실 그리스도의 백성으로서 두려워하지 말고 앞으로 전진해야 합니다. 하나님은 역사를 시작하셨고, 인도하시고 계시며, 완성하실 것입니다. 우리가 그분 안에 있으면 최후의 승리는 우리의 것입니다.

제8과
숫양과 숫염소의 환상
다니엘 8장

1. 성경 이해

다니엘 8:1-4

8장은 벨사살 왕 제3년에 기록된 것이다. 숫양에게서 난 뿔들 중에 한 뿔에서 새로 난 기이하고 작은 뿔의 환상을 기록하고 있다. 다니엘은 이 환상을 엘람 지방(엘람은 바사의 또 다른 이름이다)의 수산 성에 있었을 때, 을래 강변에서 보았다. 이 지역을 이렇게 분명하게 말하고 있는 것은 받은 계시가 진실하다는 것을 증명하기 위함이다. 그 숫양이 서쪽, 북쪽, 남쪽을 향하여 받으나 그것을 제어하거나 감당할 다른 짐승이 없었다.

이 두 뿔 달린 숫양은 메대와 바사 제국을 가리킨다. 이 나라의 왕들은 전쟁에 나갈 때 숫양의 뿔 모양을 한 모자를 썼다. 숫양은 바사 제국의 수호신으로 메대-바사 제국을 상징하고, 나중에 난 큰 뿔은 바사가 더 강성하여 바사로 통일되는 것을 의미하고 있다. 이 메대-바사는 애굽과 인도 사이에 있는 동방의 나라였는데 서쪽에 있는 헬라와 북쪽에 있는 바벨론, 그리고 남쪽에 있는 애굽을 공격해서 팽창하였다.

다니엘 8:5-14

두 뿔을 가진 숫양이 남과, 북과, 서쪽으로 팽창하면서 승리자로 나아갈 때에 갑자기 서쪽에 숫염소 한 마리가 뛰어오는 장면이 보였다. 이 두 뿔을 가진 숫양에게 숫염소가 공격할 때 능히 이길 자가 없었고 말릴 능력이 있는 자가 없었다. 이 "숫염소"는 헬라 제국을 가리키며, 그 두 눈 사이에 솟아 있는 뿔은 알렉산더 대왕을 의미한다. 헬라는 바사의 서쪽에 있었다. 이것을 21절에서 설명하고 있다. "털이 많은 숫염소는 곧 헬라 왕이요," 이는 훗날에 헬라 제국의 알렉산더 대왕이 강성하여 수많은 군사를 거느리고 바사 제국을 침략하여 올 것을 예언한 것이다.

숫염소의 침략성은 대단하였다. 첫째, 그 발이 땅에 닿지 아니하였다. 이것은 재빠르고 날쌘 기동성을 의미하고 있다. 둘째, 이 염소의 두 눈 사이에는 현저한 뿔이 있었다. 눈과 현저한 뿔은 침략자의 강한 통찰력과 힘을 의미하고 있다. 셋째, 그는 두 뿔 가진 숫양을 목표하고 침략했다. 극에 달한 침략성, 정복욕을 가진 것을 보여주고 있다. 이러한 숫염소로부터 네 뿔이 나온다. 이 예언은 알렉산더 대왕이 죽고 헬라 제국이 네 개 지역으로 분산될 것을 예언하고 있다.

숫염소의 네 뿔 가운데 하나가 심히 커지면서 영화로운 땅을 향하여 강대하여졌다. 그리고 스스로 높아져서 가장 높은 자에게 드리는 제사를 폐지하고, 그 성소를 헐고, 성소를 더럽히게 하였다. 이것은 안티어커스 에피파네스가 2,300주야 예루살렘 성전을 침략하여 더럽힐 것을 예언하고 있는 것이다.

다니엘 8:15-27

이것이 무슨 뜻인지 알고자 할 때에 하나님은 가브리엘 천사에게 이 환상의 뜻을 가르쳐 주라고 명령하셨다. 성경에서 천사가 가브리엘이라는 이름으로 나타나는 장면은 이 곳이 처음이다. 가브리엘은 이 환상이 정한 때에 관한 예언이라고 설명하면서 숫양과 숫염소에 대한 해석을 풀어주고 있다. 여기서 말하는 정한 때는 강대국이 멸망하고 이스라엘이 하나님과 다시 한번 올바른 관계를 맺고 사는 때를 말한다. 다니엘은 두렵고 떨리는 마음으로 하나님의 정한 때에 이루어지는 예언의 말씀을 들었다. 너무 놀라서 혼절하여 여러 날을 앓았다 (27절).

두 뿔 가진 숫양은 곧 메대와 바사의 왕들이고, 털이 많은 숫염소는 곧 헬라 왕이며, 두 눈 사이에 있는 큰 뿔은 첫째 왕이다. 이 뿔이 꺾이고 그 대신에 네 뿔이 나는데, 그 나라 가운데서 네 나라가 일어나지만 그전 권세만 못한 나라들이다. 이 네 나라 가운데서 마지막으로 한 왕이 일어나는데, 그 권세로 파괴를 행하고 자의로 행하며 거룩한 백성을 멸하게 될 것이다. 또한 만왕의 왕을 대적할 것인데, 이는 여러 날 후에 확실히 일어날 것이므로 이 예언을 다니엘이 간직하라고 부탁한다.

그러므로 하나님께서 이 환상을 다니엘에게 보여주신 이유는 유대인들이 그들의 본토로 복귀한 뒤, 많은 해가 지난 이후에 그들에게 부딪칠 재난들과 정해진 때에 맞게 될 그 재난으로부터의 복된 결과를 다니엘에게 알게 하고 다니엘을 통해서 그의 형제 유대인들에게 알게 하기 위함이었다.

2. 생활 속의 이야기

김 집사 가족은 24년 전에 미국으로 이민 왔다. 그 당시 한국 상황으로 이민을 간다고 하는 것은 모두에게 꿈이기도 하였다. 그들은 희망을 품고 미국에 왔다. 열심히 직장생활을 한 후, 작은 비즈니스 하나를 다운타운에 마련하게 되었다. 사업도 잘 되어 갔고, 신앙생활도 재미있게 하기 시작했다. 미국에서 자녀 둘을 낳고 아메리칸 드림을 꿈꾸며 살아왔고, 그 꿈이 이루어지는 것 같았다. 그리고 미국 시민권자가 되었다.

그러다가 1992년 4월 29일 LA 폭동이 일어나면서 모든 재산을 잃어버렸다. 사업체가 불타버렸고, 한 순간에 아메리칸 드림이 사라져 버렸다. 그리고 미국생활에 환멸을 느끼기 시작하였다. 이렇게 되려고 미국에 왔던가? 그는 절망하였고, 하나님을 원망하였다. 그리고 한국에 있는 가족들에게 실패한 이민자의 생활을 말하고 싶지 않았다. 그들은 마음과 몸에 병이 들었다. 매일 매일 허무하게 살아갔다. 누구를 보는 것도 부끄러웠다.

김 집사는 하나님을 원망하였다. "하나님, 저의 꿈이 재가 되어 버렸습니다." 하나님께서는 말씀해 주셨다. "인간은 본래 티끌, 재에서 재로 돌아간다. 그러나 너의 꿈은 아직 타지 않았다. 너의 꿈은 바로 나, 하나님이다."

김 집사는 뒤통수를 맞은 것 같은 충격을 받았다. 그래, 나의 꿈은 이 세상에서 무엇을 이루는 것이 아니다. 세상의 것을 가지는 것에 있지 않다. 하나님이 나의 꿈이고 소망이다. 내가 하나님을 잃어버리지 않는다면 나에게 아직 소망이 있다. 그는 다시 일어나기 시작했다.

하나님께서 아직도 자신의 꿈이 되어주신다는 것, 그분은 재 같은 인생의 모든 것을 알고 계시며 인도하고 계시는 분이라는 사실이 김 집사를 다시 일어나게 하였다. 이 세상의 보이는 것들은 없어졌지만, 그래서 절망이었지만, 아직 그에게 살아있는 꿈이 남아 있었는데 그 꿈은 바로 하나님이셨다.

그러는 가운데 한 동안 김 집사 부부는 한국으로 다시 돌아갈 생각도 해보았다. 외지에서 이렇게 고생하느니 차라리 한국으로 돌아가야겠다는 마음을 굳히고 있을 때였다. 하나님께서 그에게 다시 말씀해 주셨다. "너의 가족이 여기에 사는 것도 다 뜻이 있다. 내가 원하는 것은 네가 어디에 있든지 나를 찬양하고 예배하는 것이다. 너는 곧 네가 왜 여기로 부름을 받았는지 알게 될 것이다."

미국에 사는 것도 부르심이라는 것을 알고 난 후, 김 집사는 더욱 기쁨을 얻게 되었다. 하나님은 분명히 김 집사를 통하여 이곳에서 무엇인가 하기를 원하시는 것이 있으셨다. 아직은 분명하게 하나님의 뜻을 알지 못하지만, 김 집사는 감사하면서 하나님을 믿는 성실한 성도로 살아가기 시작하였다. 하나님의 부르심에는 후회함이 없으시다는 것을 믿으면서 그분 안에서 꿈을 발견하고 살아가고 있다.

그리고 그 꿈은 하나님의 나라를 이루는 것… 김 집사의 가정을 통하여, 그의 사업을 통하여 이미 이루어지고 있음을 믿고 감사하였다.

3. 묵상을 위한 질문

(1) 만일 우리가 앞으로 닥쳐올 재난을 미리 알 수 있다면, 우리의 신앙생활이 어떻게 달라질까? 그리고 그 재난 후에 주어질 복된 날들을 알 수 있다면, 지금의 신앙생활이 어떻게 달라질 수 있다고 생각하는가?

(2) 여러분은 이민자의 삶에서 하나님의 섭리를 체험하고 있는가? 어떠한 섭리를 체험하고 있는가?

4. 결단에의 초청

신앙생활은 하나님을 주님으로 고백하고 그분의 말씀을 순종하면서 살아가는 것입니다. 그리고 그분이 신실하시며, 인자하시다는 것과 그분의 약속이 언제나 성취된다는 것을 믿는 믿음에 근거하여 살아가는 것입니다.

하나님은 어려움 가운데 소망이 되시는 약속과 말씀을 우리에게 주시는 분이십니다. 그것은 우리로 하여금 소망을 갖고 굳건하게 승리하도록 도우시기 위함입니다. 그러므로 아무리 우리의 환경이 암담하고 어렵게 보인다고 할지라도 하나님을 믿는 믿음 가운데 일어서야 합니다. 하나님은 이 모든 상황을 알고 계시며, 승리를 향하여 우리를 인도하고 계시기 때문입니다. 어려울 때에도, 승리할 때에도, 우리와 함께 하시는 하나님으로 인하여 감사합시다. 그리고 그분을 경배하고 찬양합시다.

제9과
다니엘의 민족을 위한 기도
다니엘 9장

1. 성경 이해

다니엘 9:1-2

지금까지는 이방 나라들에 대한 예언이었다면, 9장은 다리오의 원년(주전 538/539)에 받은 이스라엘의 미래에 대한 예언이다. 다니엘은 유다 모든 족속이 하나님의 말씀을 청종하지 아니하고, 언약을 떠나 살았기 때문에 느부갓네살 왕에 의하여 멸망될 것이라고 말한 예레미야의 예언을 깨닫게 된다. 그 결과로 70년 동안 예루살렘이 폐허가 되고, 바벨론 왕을 섬기게 될 것이라는 것을 깨닫게 된다 (예레미야 25:1-12).

다니엘 9:3-27

다니엘은 금식을 하면서, 베옷을 입고, 재를 쓰고 민족을 위하여 회개의 기도를 하나님께 드렸다. 개인의 죄뿐만 아니라, 언약을 떠나 살았던 백성들의 죄를 자백하고, 용서를 구했다. 하나님의 법도를 떠나 규례를 지키지 않는 백성의 죄를 철저하게 고백하고 회개했다. 또한 하나님께서 선지자들을 보내어 회개할 기회를 주었지만, 그 말씀을 듣지 않는 죄도 회개했다. 그리고 그들이 재앙 가운데 있었음에도 불구하고 하나님의 은총을 구하지 않았던 죄까지도 회개했다.

지금 그들이 겪고 있는 포로생활은 하나님이 내리신 심판의 결과인 것을 인정했다. 그러면서 하나님께서 다시 긍휼을 베푸시고, 그의 분노를 거두어줄 것을 간절히 기도했다. 이러한 다니엘의 기도에 대한 하나님의 응답을 가지고 가브리엘 천사가 다니엘에게로 왔다. 다니엘에게 지혜와 총명을 주려고 왔다는 것이었다. 그리고 하나님으로부터 온 응답은 모든 유대인들이 고향으로 돌아가도 된다는 70이레에 대한 예언이었다.

여기에서 말하는 70이레는 70주간을 의미하며, 곧 490년을 의미한다. 490년이 지난 후 온 나라의 허물이 끝난다는 예언이다. 그동안 하나님을 반역하고 대적한 모든 죄가 끝나고 영원히 구속함을 받는다는 예언이다. 곧 예수 그리스도의 오심으로 인하여 죄악 된 세상의 허물이 그치는 날이 온다는 뜻이다.

이스라엘 백성들이 고향에 돌아가 예루살렘 성전을 건축해도 좋다는 명령은 바사 고레스 왕 원년에 내려졌다. 그러나 예루살렘을 중건하라는 명령은 아닥사스다 왕 20년으로 주전 445년이라고 본다. 62이레는 434년이다. 그러므로 예루살렘에 중건하라는 명령이 내려지고, 434년 후에 메시아가 일어난다는 뜻이다. 유대인의 달력은 1년이 360일이다. 매 4년마다 윤년이 있다. 이 오차를 계산하고 일곱 이레와 62이레, 곧 483년을 합하면 예수님께서 예루살렘 성에 왕으로 입성하는 때가 되는 것이다.

2. 생활 속의 이야기

　김익두 목사 부흥집회에서 큰 감동을 받은 순교자 주기철 목사는 평양신학교를 거쳐 30세 때 부산에서 첫 목회를 시작한 후, 평양 산정현 교회에서 그의 목회를 마쳤다. 주기철 목사는 끝내 신사 참배를 거부했기 때문에 거의 7년 동안 감옥살이를 하였다.
　일본 경찰은 주 목사가 신사참배를 하겠다고 말만 하면, 풀어주겠다고 했으나 그는 끝내 듣지 않았다. 경찰은 깊은 밤중에만 그를 불러내어 고문했고, 손톱 사이에 대침까지 놓으면서 괴롭혔으나, 주 목사의 굳은 믿음을 돌이킬 수는 없었다.
　감옥에서는 몸에 병이 생겨 쇠약하면서도 다른 죄수를 위로해 주었으며, 기도와 성경암송에 힘썼고, 얼굴엔 늘 평화가 넘쳤다. 그는 "일본은 반드시 망한다. 진리는 반드시 이긴다"면서 감방동지들을 격려했다. 마지막으로 사모님이 면회 갔을 때에는 "나는 천국에 가서도 한국교회를 위해 기도하겠소. 한국교회가 진리 안에 서야 할 텐데… 양들을 바로 인도할 참 목자가 누굴까?" 이것이 그가 남긴 최후의 말이었다. 그는 1944년 4월, 해방을 보지 못한 채 감옥에서 "내 영혼의 하나님, 나를 붙드시옵소서" 하며 순교를 하였다.
　그는 한국교회가 진리에 서기를 기도하고, 조국의 교회가 승리할 것을 기도하다가 일본인의 참담한 핍박 가운데서도 평화로운 죽음을 맞이했다. 그는 마지막 순간까지 조국의 교회가 진리에 서서 민족을 위하여 참 목자의 역할을 다할 것을 기도하며 순교하였다.

3. 묵상을 위한 질문

(1) 여러분들은 조국의 아픔과 위기에 대하여 재를 뒤집어쓰고 금식하며 기도한 적이 있는가? 재를 뒤집어쓴다는 의미를 어떻게 이해하였는가?

(2) 다니엘의 기도 가운데 가장 여러분들에게 감동을 주는 부분은 어디라고 생각하는가?

4. 결단에의 초청

신앙인들은 역사의식을 갖고 사는 사람들입니다. 그러므로 어디에 살든지 하나님의 구속사의 흐름을 알고, 그 가운데서 무엇을 해야 하는지 아는 사람들입니다.
우리는 다니엘과 다른 시대인 21세기에 살고 있습니다. 다니엘의 시대보다 더 패역한 시대, 하나님이 없는 시대, 하나님을 떠나 살고 있는 시대가 되었습니다. 여기에서 우리는 이 시대의 죄악에 대하여 회개하고 기도하여야 하겠습니다. 그리고 조국의 죄악에 대하여도 회개하고 기도하여야 하겠습니다. 그것이 우리 개인의 죄악이 아니라고 할지라도 합심하여 기도하면 하나님께서 우리의 기도를 들으시고 용서해 주시지 않겠습니까? 시대를 분별할 줄 아는 믿음, 그리고 그 가운데서 무엇을 해야 할지 아는 믿음이 필요한 시대입니다. 말씀과 기도의 생활을 하면서 하나님의 긍휼을 받기 위하여 기도합시다.

제10과
21일만에 받은 기도응답
다니엘 10장

1. 성경 이해

다니엘 10:1-4

10-12장은 앞으로 올 날에 대하여 다니엘에게 나타난 환상이다. 10장은 11장과 12장에서 보여진 환상에 대한 서론 부분이다.

다니엘은 바사 왕 고레스 제3년에 큰 전쟁에 관한 계시를 받았다. 이 때 다니엘은 "세 이레"(21일간)를 슬퍼하며 금식 기도하던 중이었다. "힛데겔"이라는 큰 강은 지금의 티그리스 강이다. "첫째 달 이십사일"은 유월절 시기였으며, 오늘의 달력으로 3월이나 4월에 해당되는 시기였다. 이렇게 역사적인 배경을 설명하는 이유는 확실한 역사적 시기에 하나님이 계시하여 주셨음을 보여주기 위함이다. 큰 전쟁에 관한 환상은 장차 유대인들이 고향으로 귀국한 후에, 헬라 제국 다음 시대인 안티오커스 에피파네스에게 당할 심한 종교 박해를 의미했다. 이러한 큰 박해에 대하여 알고 있었던 다니엘은 슬퍼하며 금식에 들어간 것이다. 조국의 앞날에 일어날 비극적인 환난의 때를 슬퍼하며 기도하고 있었던 것이다.

다니엘 10:5-21

다니엘은 기도 중에 세마포를 입은 한 사람을 환상으로 본다. 그는 허리에 우스바 정금 띠를 띠고 있었다. 그 몸은 황옥 같고, 얼굴은 번갯빛 같았고, 그의 눈은 횃불 같았고, 그의 팔과 발은 빛난 놋과 같았다. 그리고 그의 말소리는 무리의 소리와 같았다. 다니엘은 죽음의 지경까지 내려갔었다. 다니엘이 정신을 차릴 수가 없었을 때, 한 사자가 다니엘에게 세 번씩이나 나타나 일어서게 도와주었고 (10:11), 입술을 만져주었고 (10:16), 강건하라고 말해 주었다 (10:18).

이 사자는 이미 다니엘이 겸손히 기도를 시작할 때에 하늘에서 응답을 받았다고 말했다. 그런데 이 사자가 오는 데 21일이나 걸렸다. 오는 동안 바사 왕국의 군주가 막고 방해하여 지금에야 이르렀다는 것이다. 그렇다면 어떻게 천사가 이 땅의 군대의 지배를 받는 것일까? 하늘에서 모든 것이 이루어졌어도 땅에서 이루어지기 위하여 영적 세계에서 극렬하게 방해하는 전쟁이 있는 것이다.

바사 왕국 군주의 방해로 응답을 가지고 오지 못하는 동안 수호의 천사장 미가엘이 와서 바사 왕국 군주를 쳐부수고 21일 만에 하나님의 사자가 다니엘에게 나타난 것이다. 현재 일어나고 있는 강대국과의 싸움들의 배후에는 영적 싸움이 있으며, 하나님을 대적하는 자들의 싸움이 있음을 알게 하신다. 그러나 이러한 싸움에서 주님은 친히 싸워주실 뿐만 아니라, 미가엘 천사를 보내어 그들을 패배시킬 것이라는 말씀도 주신다.

2. 생활 속의 이야기

텍사스에 있는 한 교회는 언제나 문제가 있을 때마다 작정기도를 한다. 어느 교인은 20일, 어느 교인은 40일을 작정하고 기도한다. 그렇게 성령님의 인도하심에 따라 기도의 기간을 정하게 되면 담임목사님이 그 기간 동안에 심방을 하며 그 기도가 응답을 받을 때까지 기도로 도와준다.

한 교인은 비즈니스로 인하여 주일에 예배를 드릴 수가 없었다. 그래서 주일성수 할 수 있는 비즈니스를 찾기 위하여 현재의 가게를 팔게 해달라고 하나님께 매달리기 시작하였다. 그 비즈니스는 팔릴 수 있을 것 같지 않았고, 부동산 경기도 좋지 않을 때였다. 그러나 믿음으로 40일을 작정하고 기도를 시작하였다. 39일째 되는 날 가게가 팔렸다. 자신이 생각한 것보다 더 좋은 가격으로 팔렸다. 그리고 주일을 성수 할 수 있는 직장도 얻게 되었다. 그들이 끝까지 포기하지 않고 하나님께 기도하였을 때에, 응답의 기쁨을 누리게 되었다.

어떤 기도는 작정한 기간 동안에 응답이 없을 수도 있다. 그러나 하나님은 이미 하늘에서 응답을 하셨고, 문제의 해결을 위하여 이미 일을 시작하셨다. 문제는 중간에 기도를 그만 둔다는 데에 있다. 사탄은 모든 기도가 열매를 맺기 전에 중단하기를 바라고 방해를 한다. 하나님은 언제나 기도를 듣고 계시며, 언젠가는 응답해 주신다. 기도의 응답이 없는 것도 응답일 수가 있다. 우리가 할 일은 하나님의 인자하심과 선하심을 믿고 기도를 쉬지 않고 하는 것이다. 하나님은 늘 우리의 기도를 듣고 계신다.

3. 묵상을 위한 질문

(1) 우리들에게 가장 중요한 기도의 제목은 어떤 것들인가? 기도 제목들을 분류해 보면서 자신이 기도하는 동기와 목적을 다시 한번 점검해 보자.

(2) 기도를 중단하게 되는 가장 큰 이유는 무엇이라고 생각하는가? 여러분이 가장 오랫동안 기도의 제목으로 하나님께 드리고 있는 기도는 어떤 것들이 있는가?

4. 결단에의 초청

다니엘은 가장 어려운 시기에 금식하며 기도하였습니다. 그는 진실로 기도의 사람이었습니다. 그는 어디에 있든지 기도하였으며, 어떠한 상황에서도 기도로 주님과 교통하였습니다.

우리가 이민자로서 살아가면서 절박하고 어려운 시기에 기도한다면 하나님께서는 분명히 그 기도에 응답해 주실 것입니다. 하나님은 모든 기도에 응답해 주시며 절망하고 있는 성도들을 위로하시기 위하여 천사도 보내주십니다. 영적인 세계에서 전쟁이 계속되고 있는 가운데서도 하나님은 성도들의 기도를 들으시고, 성도들을 위로하십니다. 이제 우리도 믿음을 가지고 시대를 분별하는 기도를 합시다. 그리고 하나님이 언젠가는 분명히 응답하신다는 믿음을 가지고 담대하게 신앙생활을 합시다.

제11과

환상에 대한 결론과 최후의 승리

다니엘 11-12장

1. 성경 이해

다니엘 11:1-4

11장은 힛데겔 강가에서 3주간 금식 기도 중에 받은 묵시의 연속 부분이다. 이 예언은 이스라엘 사람들이 그들의 역사에서 하나님으로부터 버림을 받았다고 생각하던 가장 암담했던 시기에 빛을 주는 예언이다.

헬라의 알렉산더 대왕이 큰 권세로 다스리다가 33세에 죽게 되자 나라가 네 조각으로 나뉠 것이며, 알렉산더 대왕이 통치하던 땅이 그의 자손에게 돌아가지 않는 것도 예언되었다. 이것은 실제 역사에서 일어나기 전 200년 전에 다니엘에게 나타난 계시였다.

알렉산더 대왕이 죽은 후, 프톨레미 왕조가 다스렸던 남방 왕국과 셀류크스 왕조가 다스렸던 북방 시리아 왕국간의 전쟁이 150년 동안 처절하게 계속 되었었다. 이 두 강대국 사이에 이스라엘 민족이 위치하고 있었는데, 이스라엘 민족은 그 가운데 끼어 항상 전쟁의 희생자가 되었다. 그리고 바사에 넷째 왕이 일어나 헬라 왕국을 치게 된다.

다니엘 11:5-45

　남방의 왕들 중에 애굽의 왕이 강해질 것이나, 실제로는 시리아 왕이 더 권세를 떨치게 된다는 말로 시작된다. 남쪽 프톨레미 왕조와 북쪽 셀류크스 왕족간의 전쟁에서 셀류크스는 알렉산더 대왕이 정복했던 모든 아시아 영토의 75%를 통치하는 지배자가 된다. 두 왕국에 대한 예언이 길어지는 이유는 안티오커스 에피파네스에 관한 소개로 이어지기 위함이었다.
　안티오커스 에피파네스는 로마에 인질로 잡혀가서 오랫동안 천한 포로로 취급을 받은 사람이었다. 그의 아버지의 왕위를 대신할 형이 피살되자 나라는 다른 사람에게로 넘어갔다. 안티오커스 에피파네스는 거짓과 위선으로 나라를 얻게 되었다. 그리고 그는 힘을 얻어 애굽을 치게 될 것이라는 예언을 받는다. 2차 애굽 원정에서 성과를 못 올린 안티오커스는 그 원한이 하늘에 사무쳤는데, 그것을 유대인들을 괴롭히는 데로 옮겨갔다. 곧 그의 화풀이가 유대인들에게 퍼부어진 것이다.
　그는 유대주의에 대하여 깊은 적개심을 품고 있었다. 그는 거룩한 성전을 2,300주야를 더럽혔다. 또한 매일 드리는 제사를 없애 버렸다. 뿐만 아니라 헬라 신 쥬피터 신상을 거룩한 성소에 세웠다. 그리고 많은 유대인들을 배교하게 만들어 자신의 노예로 삼을 것을 예언했다. 자신이 스스로 하나님이라고 선포하며, 많은 의인들을 학대했다.
　애굽 왕이 침공해 왔지만 여지없이 무찔러 버렸다. 그러다가 동북에서부터 반란의 소식이 왔다. 이 소식을 들은 안티오커스는 불쾌하게 여겨 다시 반란을 진압하러 갔다가 급사하여 버린다고 예언하고 있다. 이 예언은 고난받고 있는 이스라엘에게 결국 이스라엘의 하나님은 승리하실 것이며 이스라엘의 고난 후에 올 세계에 대한 소망을 전해주고 있다.

다니엘 12:1-3

다니엘 12장은 힛데겔 강변 네 번째 환상의 결론이다. 동시에 이것은 다니엘서 전체의 결론이기도 하다. 또한 이것은 도래할 종말의 날에 대한 예언적 결론이기도 하다. 그 중심 뜻은 종말의 날에 일어날 대환난과 성도의 궁극적 구원, 곧 최후 승리의 계시이다. "그 때"라고 함은 대환난의 시기를 뜻한다. 개국 이래로 그 때까지 없었던 환난이다. 유대 민족이 겪어야 할 최악의 환난이기도 하지만, 예언적으로 "주의 날"에 이루어질 종말론적 환난이기도 하다. 그 때에 네 민족을 호위하는 대군 미가엘이 일어나서 그 환난으로부터 구원하여 줄 것이다. 그 때에 책에 기록된 모든 자가 구원을 얻을 것이다.

다니엘 12:4

요한계시록이 열어서 개봉한 것과는 달리 다니엘의 예언은 봉함하라고 명령을 받는다. 곧 마지막 때까지 봉함하라는 것이다. 여기에 봉함하라는 것 앞에 간수하라는 말이 나오는데 이 말이 더 중요한 말이다. 이 예언의 말씀을 무시하지말고, 소홀히 생각하지 말고, 이 예언의 말씀이 이루어지도록 직시하라는 뜻이다.

다니엘 12:5-13

다니엘은 두 사람을 보았다. 하나는 강 이편에, 하나는 강 저편에 있는 것으로 보아 이 강이 힛데겔, 곧 티그리스 강일 것이다. 그들은 그 강물 위에 세마포 옷을 입은 자에게로 향하고 서 있었다.

다니엘은 환난과 종말에 대한 질문을 던졌다. 끝이 어느 때까지냐? 세마포 입은 자가 "한 때, 두 때, 반 때를 지나서 성도의 권세가 다 깨어지기까지"라고 대답했다. 이것은 사흘 반을 의미하기도 하고 3년 반을 의미하기도 한다. 그러므로 42달을 의미하기도 하고 1,260일을 의미하기도 한다. 그러나 이것을 숫자적인 의미로 해석하기보다는 영적인 의미로 보는 것이 합당하다.

(1) 환난의 시기는 짧다는 의미이다. (2) 성도의 권세가 깨어지는 때이다. 곧 성도의 모든 권세가 깨어져 소망도 없고 완전히 마지막에 이를 때를 의미한다. (3) 하나님의 작정 가운데 있는 시간이다.

그런데 다니엘이 듣고도 깨닫지 못하였다. 그래서 다시 질문을 하게 된다. "내 주여… 이 모든 일의 결국이 어떠하겠나이까"(12:8)? 곧 끝날, 종말에 관한 질문이었다. 그러나 끝날에 대한 비밀은 공개적 비밀이다. 알려주어도 모를 뿐만 아니라 믿음으로 준비하고 기다려야 하는 때인 것이다. 지혜 있는 자가 깨닫는 진리이다. 악한 자는 아무리 가르쳐주어도 모른다는 것이다. 또한 환난을 통해 연단을 받고 정결케 된 자들이 깨닫게 되는 비밀이다. 또한 기다리는 자에게 열리는 비밀이다.

2. 생활 속의 이야기

필자는 몇 년 전 다른 목회자들과 함께 로마를 여행하였다. 그 곳에서 지하무덤 카타콤에 들어가 보고, 거기서 거의 200년 이상을 살았던 초대 기독교인들로부터 말할 수 없는 감동을 받았다. 그리고 그들로부터 부활하신 예수님이 실제로 부딪쳐오는 것을 체험하였다.

"카타콤"(catacom)이라는 것은 본래 이집트인이나 유대인들이 장사하는 풍속을 의미하는 것이다. 초대 기독교인들도 죽은 자를 이런 카타콤 지하 묘에 장사했다. 일종의 지하 공동무덤이었다. 313년까지 계속된 기독교인에 대한 핍박을 피하여 기독교인들은 지하 묘지로 들어갔다. 그들은 죽은 시체들과 함께 살았고, 죽은 시체들을 일생 보면서 그 곳에서 공동생활을 하였다. 그러한 생활을 하게 된 것은 부활하신 예수님에 대한 믿음을 버리지 못하였기 때문이었다.

이러한 비참한 카타콤 속에서 기독교인들은 때묻지 않고 변질되지 않은 채 순수한 믿음을 지키며 살았다. 시련과 핍박 가운데에서도 고귀한 생명을 지켰다. 그들의 소망은 오직 그리스도에 대한 믿음만이 전부였다. 그런 모진 핍박과 비참한 생활 가운데에서도 그리스도인들끼리의 불타는 뜨거운 사랑, 그 속에 임재하시는 하나님의 사랑은 놀라운 것이었다. 그들에게 예수님은 살아 계신 진실한 인격적 존재였다. 그들이 카타콤에서 고통을 당하고 있는 동안 주님도 그들과 함께 그 곳에 계셨다. 어려울 때에 소망이 되어주시고 승리의 약속이 되어 주셨던 그분이 그 어려운 가운데서도 승리하게 하였던 것이다.

3. 묵상을 위한 질문

(1) 신앙생활을 신실하게 하는 데는 어려움이 따라온다. 이러한 어려움을 여러분은 어떻게 극복하고 있는가?

(2) 카타콤에 살던 초대교회 기독교인들은 자녀들에게 예수님을 어떻게 소개해 주었다고 생각하는가?

4. 결단에의 초청

어느 때는 신앙생활을 하면서 절박할 때도 있고, 앞이 캄캄할 때도 있습니다. 특히 이민생활을 하면서 어려움 때문에 절망할 때도 많이 있습니다. 더군다나 믿음의 생활을 하다가 핍박을 받을 때에는 모든 신앙생활을 중단하고 싶을 때도 있습니다. 그러나 그 때마다 하나님께서 우리에게 소망의 말씀을 주십니다. 최후의 승리가 가져올 기쁨을 체험하게 하시는 은혜를 주십니다. 하나님은 이 모든 역사를 이끌어 가시기 때문에 결국에 의인들이 승리하게 하십니다. 다니엘에게 보여주신 것도 그러한 위로를 주시기 위함입니다. 모든 역사의 주인은 하나님이십니다.

그러므로 21세기 어두운 시기를 살아가며 믿음 때문에 조롱을 받는 우리는 위로하시는 하나님의 약속을 붙잡고 일어나야 합니다. 그분의 약속은 꼭 성취될 것입니다. 그러므로 다니엘처럼 역사의 주인이신 하나님을 증거하면서 승리하는 삶을 삽시다.

www.ingramcontent.com/pod-product-compliance
Lightning Source LLC
Chambersburg PA
CBHW061248040426
42444CB00010B/2305